COLLECTION DECOUVERTE CADET

Dans la même collection

Le plaisir des mots
Le livre de tous les pays
Le livre de la Bible
(Ancien et Nouveau Testaments)
Le livre de la mythologie grecque et romaine

1 Le livre des fleurs
2 Le livre de la tour Eiffel
3 Le livre de la peinture
et des peintres
4 Le livre des découvertes
5 Le livre de l'hiver
6 Le livre de l'automne
7 Le livre du printemps
8 Le livre de l'été
9 Le livre des marins
10 Le livre de mon chat
11 Le livre de la montagne
12 Le livre du ciel
13 Le livre de tous mes amis
14 Le livre de tous les jours
15 Le livre du cheval
16 Le livre des chansons
de France
17 Le livre de Paris
(Naissance d'une capitale /1)
18 Le livre des premiers hommes
19 La mode à travers les siècles
(Histoire du costume/1)
20 Le livre des maisons du monde
21 Le livre des arbres
22 Le livre des oiseaux
23 Le livre des bords de mer
24 Le livre de la langue française
25 Le livre de l'histoire de France
26 Le livre de tous les Français
27 Le livre des trains
28 Le livre de la découverte
du monde

29 Deuxième livre des chansons
(de France et d'ailleurs)
30 Le livre du fleuve
32 Le livre du corps
34 De bouche à oreille
(Le livre des images
de la langue française)
35 Troisième livre des chansons
de France
36 Le livre des uniformes
(Histoire du costume /2)
37 Le livre des grands voiliers
38 Le livre des fous volants
(Histoire de l'aviation /1)
39 Le livre de la forêt
40 Le livre des champignons
41 Le livre des conquérants
(Découverte du monde /1)
42 Le livre du livre
43 Le livre du désert
47 Le livre des amphibiens
et des reptiles
48 Le livre des as et des héros
(Histoire de l'aviation /2)
49 Le livre du chien
(Animaux familiers /1)
50 Le livre des navigateurs
(Découverte du monde /2)
51 Le livre du café
52 Le livre des instruments
de musique

ISBN: 2-07-039501-4
© Éditions Gallimard, 1983
Numéro d'édition: 46178
1er dépôt légal: Septembre 1983
Dépôt légal: Juillet 1989
Imprimé par la Editoriale Libraria en Italie

LE LIVRE DES FLEURS

Marie-France Boyer
illustrations de
Claude Variéras

GALLIMARD

L'iris dort

L'iris dort, roulé en cornet sous
une triple soie verdâtre,
la pivoine perce la terre d'une raide
branche de corail vif,
et le rosier n'ose encore que des surgeons
d'un marron rose,
d'une vivante couleur de lombric...
Cueille pourtant la giroflée brune
qui devance la tulipe, elle est colorée,
rustaude et vêtue d'un velours solide,
comme une terrassière...
Ne cherche pas le muguet encore ;
entre deux valves de feuilles,
allongées en coquilles de moules,
mystérieusement s'arrondissent ses perles
d'un orient vert,
d'où coulera l'odeur souveraine.

Colette

ce livre appartient à :

Mignonne, allons voir si la rose,
Qui ce matin avait déclose
Sa robe de pourpre au soleil,
A point perdu cette vesprée,
Les plis de sa robe pourprée,
Et son teint au vôtre pareil.

Las ! voyez comme en peu
d'espace,
Mignonne, elle a dessus la place,
Las, las, ses beautés laissé choir !
O vraiment marâtre Nature,
Puisqu'une telle fleur ne dure
Que du matin jusques au soir !

Donc, si vous me croyez,
mignonne,
Tandis que votre âge fleuronne
En sa plus verte nouveauté,
Cueillez, cueillez votre jeunesse :
Comme à cette fleur, la vieillesse
Fera ternir votre beauté !

Pierre de Ronsard

Au cœur de la fleur

C'est dans le cœur de la fleur que l'on trouve ce qui servira à donner naissance à d'autres fleurs : les organes reproducteurs. Le pistil, c'est l'organe femelle. A sa base, il porte l'ovaire qui contient les ovules. Les étamines, véritables sacs à pollen, sont les organes mâles.

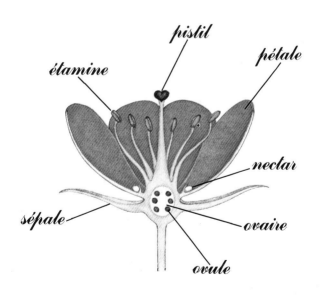

pistil

étamine

pétale

nectar

sépale

ovaire

ovule

Chœur des
petites herbes espiègles

pissenlit

La pâquerette
a un' p'tit' tête
le bégonia
a de gros bras
Ah ah ah ah !
La grande rose
fait de la pose
le pissenlit
n'est pas poli
Ih ih ih ih !
La ros' pompon
fait des façons
le coq'licot
est rococo
Oh oh oh oh !
Et le grand houx
est un peu fou
Hou hou hou hou
Pou hibou caillou genou
gare à vous dispersons-nous
You !

Armand Monjo

pâquerette

La naissance
d'une fleur

La fleur vient d'une graine. Cette graine vient d'un mariage. Pour que naisse la graine, puis la fleur, il faut que les grains du pollen des étamines (qui restent facilement sur le nez quand on respire une fleur comme le lis) tombent à l'intérieur du pistil et courent à la rencontre des ovules.

C'est le vent ou bien l'insecte qui porte le pollen jusqu'au pistil.

campanule

églantine

De la fleur au fruit

rose trémière

Lorsque la fleur se fane, les pétales, les sépales, les étamines se flétrissent et tombent. Seul reste le pistil. Fécondé par le vent ou l'insecte, il grandit, grossit et devient un fruit rempli de graines. Lorsque le fruit se dessèche et s'ouvre, les graines tombent et s'installent en terre. Grâce au soleil et à la pluie, elles germent et donnent naissance à une nouvelle plante, puis à une nouvelle fleur.

S'il n'y avait pas
De nuage en l'air
Il n'y aurait pas
De pluie sur la terre

S'il n'y avait pas
De pluie sur la terre
Il n'y aurait pas
De roses trémières

Ni de primevères

Tout serait poussière
Et les escargots
Ils ne seraient guère
A leur affaire.

Jacques Gaucheron

Les fleurs en famille

Les fleurs ont des formes très diverses. Selon l'espèce, la forme et le nombre des pétales varient, l'aspect du calice ou la disposition des feuilles sur la tige. Ainsi, certaines fleurs sont formées de multiples fleurs, d'autres d'une seule, isolée sur sa tige.

La *carotte sauvage*, par exemple, est bien différente de la *violette* avec ses innombrables corolles regroupées en ombelle. Toutes deux n'appartiennent donc pas à la même famille.

D'autres, au contraire, se ressemblent beaucoup. L'*ajonc* et le *cytise* qui ont des fleurs très semblables sont regroupés dans la famille des *papilionacées*, à cause de leur ressemblance avec le papillon.

Iris
Famille des iridacées

Sauge, menthe
Famille des labiacées

Bouton d'or, renoncule, clématite
Famille des renonculacées

Violette, pensée
Famille des violacées

11

Fleurir est aboutir.
Qui rencontre une fleur
Et l'observe en passant
Soupçonne à peine
Le rôle d'un détail mineur

Dans l'entreprise
Brillante et compliquée
Qui se présente sous la forme
D'un papillon offert au méridien.

Remplir le bourgeon,
Combattre le ver,
Obtenir son droit de rosée,
Régler la chaleur,
Échapper au vent,
Eviter l'abeille qui rôde,

Ne pas décevoir la grande nature,
L'attendre ce jour-là :
Etre fleur est une profonde
Responsabilité !

Emily Dickinson

Les fleurs sauvages

A la campagne, au bord des chemins et des ruisseaux, dans la forêt, dans les prés, à la montagne, on rencontre une fleur. Mais comment s'appelle-t-elle ?

Voici, classées par couleurs, les fleurs sauvages que l'on rencontre le plus souvent.

Quel nom portait la fleur... la fleur d'un bleu si beau
Que je vis poindre un jour, puis frémir, puis éclore
Puis que je ne vis plus à la suivante aurore ?

Marceline Desbordes-Valmore

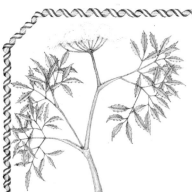

Grande ciguë. △
Conium maculatum.
Dans les décombres, les chemins
et les jardins.
Juin à août.

Nénuphar. ▽
Nymphaca alba.
Sur les ruisseaux, les mares.
Mai à août.

Edelweiss. ▽
Surnommé « pied-de-lion ».
Gnaphalium leontopodium.
En montagne,
à partir de 2 000 mètres.
Mai à septembre.

Sceau-de-Salomon. △
Polygonatum multiflorum.
Dans les sous-bois.
Mai à juin.

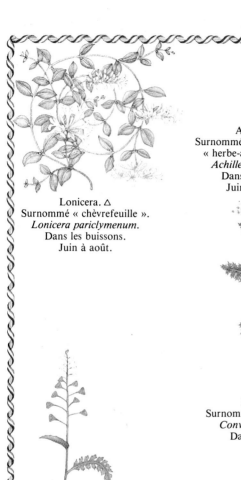

Lonicera. △
Surnommé « chèvrefeuille ».
Lonicera pariclymenum.
Dans les buissons.
Juin à août.

Achillée. ▽
Surnommée « mille-feuille »,
« herbe-au-charpentier ».
Achillea mille folium.
Dans les prairies.
Juin à octobre.

Muguet. ▽
Surnommé « amourette ».
Convollaria majalis.
Dans les forêts.
Mai.

Capselle. △
Surnommée
« bourse-à-pasteur ».
Capsella.
« Mauvaise herbe » des
champs.
Mars à octobre.

Ortie blanche. △
Lamium album.
Dans les chemins
et les décombres.
Avril à octobre.

Liseron. ▽
Convovulus sepium.
Dans les endroits humides.
Juin à octobre.

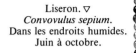

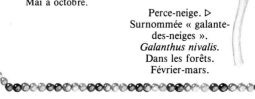

Plantin. △
Surnommé « oreille-de-lièvre ».
Plantago lanceolatta.
Dans les prairies.
Mai à octobre.

Perce-neige. ▷
Surnommée « galante-
des-neiges ».
Galanthus nivalis.
Dans les forêts.
Février-mars.

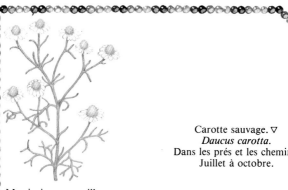

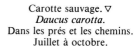

Carotte sauvage. ▽
Daucus carotta.
Dans les prés et les chemins.
Juillet à octobre.

Matricaire camomille. △
Matricaria camomilla.
« Mauvaise herbe »
des champs cultivés.
Mai à août.

Pâquerette. ▽
Surnommée « petite
marguerite ».
Bellis perennis.
Au bord des chemins
et dans les prairies.
Février à novembre.

Fraisier. △
Fragatia vividis.
Dans les buissons, les forêts.
Mai-juin.

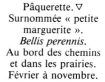

Carline. ◁
Surnommée « baromètre »
(elle se referme par
temps humide).
Carlina acaulis.
Dans les landes, sur les sols
secs et caillouteux.
Juin à septembre.

Ail des ours. ▽
Allium ursinum.
Dans les forêts,
les endroits humides.
Avril à juin.

Arum. △
Surnommé « pied-de-veau ».
Arum maculatum.
Dans des endroits humides.
Avril à juin.

Sylvie. ▷
Anemone nemerosa.
Dans les forêts,
les broussailles.
Mars à mai.

Ronce △
(donne la mûre).
Rubus fruticosus.
Dans les broussailles.
Juin à août.

Marguerite. ▽
Leucantenum vulgare.
Dans les champs
et les prairies.
Mai à août.

Bryone. ▷
Surnommée
« rave-de-serpent ».
Bryona dioica.
Dans les décombres,
les lieux incultes.
Juin à septembre.

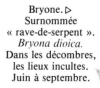

Compagnon blanc. △
Melandrium album.
Dans les prairies.
Mai à octobre.

19

Iris. △
Iris.
Dans les forêts,
au bord des étangs.
Mai à juillet.

Aconit napel. ▽
Aconitum napellus.
En montagne,
sur les sols humides.
Juin à août.

Ancolie. △
Aquilegia.
Dans les forêts, les alpages.
Juin-juillet.

Hysope. ▷
*Hyssopus
officinalis.*
Dans les rocailles,
les éboulis.
Juin à août.

Campanule. ▽
Campanula.
En montagne.
Juin à septembre.

Jarosse. △
Vicia cracca.
Dans les prairies,
les champs de blé.
Juin à août.

Chicorée intube ◁
ou « chicorée sauvage ».
Cichorium intybus.
Dans les chemins,
les décombres.
Juillet-août.

Romarin. ▷
Rosmarinus officinalis.
Partout au soleil.
Avril à mai.

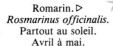

Véronique en épi. ▽
Veronica spicata.
Sur les coteaux et
les talus ensoleillés.
Juin à septembre.

Pervenche. △
Surnommée
« violette des sorciers » ou
« violette des serpents ».
Vinca minor.
Dans les forêts.
Avril-mai.

Sauge. ▽
Salvia fratensis.
Dans les prairies.
Mai à juillet.

Bleuet. △
Surnommé « casse-lunettes ».
Centaurea cyanus.
Dans les champs de blé.
Juillet à octobre.

Paricaut maritime △
ou « chardon des dunes ».
Erygium.
Dans les dunes.
Juin à octobre.

Myosotis. ▽
Myosotis.
Dans les prairies,
au bord des étangs.
Mai à juillet.

Gentiane. △
Gentiana.
Dans les Alpes.
Juillet à septembre.

Véronique. ▽
Veronica.
« Mauvaise herbe »
des champs.
Avril à août.

Menthe. △
Mentha.
Dans les endroits
humides.
Juillet-août.

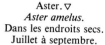

Aster. ▽
Aster amelus.
Dans les endroits secs.
Juillet à septembre.

Violette. △
Viola.
Dans les bois,
les fossés humides.
Mars-avril.

Trèfle. ▽
Surnommé « pied-de-lièvre ».
Trifolium pratense
Dans les endroits humides.
Avril à juin.

Digitale. ◁
Surnommée
« gant-de-Notre-Dame ».
Digitalis purpurea.
Dans les forêts, les chemins.
Juin à août.

Bruyère ▷
ou « caminet ».
Erica.
Dans les landes, les marais.
Juillet-août.

Orchis. ▽
Orchis.
Dans les prairies.
Mai-juin.

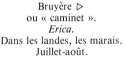

Cardère. △
Dipsacus sylvester.
Dans les chemins,
les décombres.
Juillet-août.

Pavot △
ou « coquelicot ».
Papaver.
« Mauvaise herbe »
des champs.
Mai à juillet.

Mouron ▽
ou « faux mouron ».
Anagallis.
Dans les champs de blé,
les décombres.
Juillet à octobre.

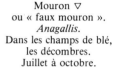

Mauve. ▽
Malva alcea.
Au bord des chemins
sablonneux.
Juin à septembre.

Colchique. △
Surnommé « tue-chien ».
Colchicum.
Dans les endroits humides.
Août-septembre.

Sabot de Vénus ▽
ou « orchidée sauvage ».
Cypridedium.
Dans les forêts.
Mai-juin.

Eglantier △
ou « rosier de chien ».
Rosa canina.
Dans les forêts, les buissons.
Juin.

0Eillet. ▷
Dianthus.
Sur les pelouses.
Juin à août.

Rumex oseille.△
Rumex acetosa.
Dans les prairies.
Mai-juin.

Primevère. △
Surnommée « coucou ».
Primula veris.
Dans les forêts, les buissons.
Mars-avril.

Renoncule. ▽
Surnommée « bouton-d'or ».
Ranunculus.
Dans les prairies,
les endroits humides.
Mai à août.

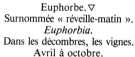

Genêt. △
Genista.
Au bord des chemins,
en lisière des bois.
Mai-juin.

Euphorbe. ▽
Surnommée « réveille-matin ».
Euphorbia.
Dans les décombres, les vignes.
Avril à octobre.

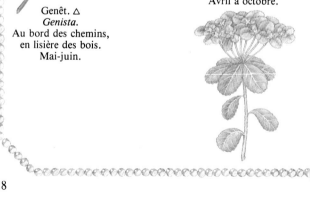

Pissenlit. ▽
Surnommé « dent-de-lion ».
Taraxacum.
Pousse presque partout.
Avril à juin.

Ajonc. △
Ulex.
Dans les landes.
Mai-juin.

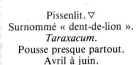

Tilleul. ▽
Tila ulmifolia.
Sur les sols caillouteux.
Juin-juillet.

Cytise ◁
ou « faux ébénier ».
Cytisus.
Dans les endroits chauds.
Avril à juin.

Ces fleurs sont vénéneuses.
Elles contiennent toutes
du poison. Il ne faut
surtout pas les toucher.
Contentez-vous de les
regarder.

Jusquiame noire. △
Hyoscyamus niger.
Dans les décombres,
les lieux incultes.
Plante violemment toxique.
Juin à octobre.

Chélidoine. △
Chélidonium majus.
Pousse partout,
même en ville.
Mai à octobre.

Parisette. △
Paris quadrifolia.
Dans les forêts,
les broussailles.
Mai à juin.

Nielle. ▷
Agrostemma githago.
Dans les champs cultivés.
Mai à octobre.

Datura. △
Surnommée
« herbe-à-la-taupe ».
Datura stramonium.
Dans les décombres,
les lieux incultes.
Juin à septembre.

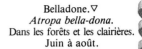

Belladone. ▽
Atropa bella-dona.
Dans les forêts et les clairières.
Juin à août.

Morelle noire. △
Solarum nigrum.
Pousse partout.
Mai à octobre.

Douce-amère. ▽
Solanum dulcamara.
Dans les endroits humides.
Juin à août.

Fleurs ! songes enflammés de la Terre ! armoiries
Dont l'azur qui triomphe a marqué les gazons,
Vos luxes tour à tour insultent les prairies
Et sont une fourrure aux pieds de nos maisons.

Vincent Muselli

Les fleurs des villes

Les fleurs sauvages ne poussent pas seulement à la campagne. Vous en trouverez aussi dans votre ville, sur les vieux murs, entre les pavés des trottoirs peu fréquentés, dans les terrains vagues. Leurs graines ont germé là, dans la moindre parcelle de terre, apportées par le vent, les insectes ou abandonnées par les oiseaux.

Au cours de vos promenades, regardez autour de vous et essayez de reconnaître ces fleurs qui s'acharnent à décorer nos villes comme le *liseron*, le *coquelicot*, la *camomille*, le *pissenlit*, la *bryone dioïque*, le *buddléïa*, le *sureau*, la *chélidoine*, la *pensée*, la *bardane*...

pensées

marguerites

camomille

Une brise tiède
frissonne
Et creuse
d'argentines moires
Sur la chatte
aux yeux de démone
Qui, sournoise
et longue, vient boire
Dans le vase
des anémones.

Anna de Noailles

Gentil coquelicot
(chanson populaire)

J'ai descen _du dans mon jar _din   Pour y cueil - lir du

ro_ma rin.   Gen_til coqu'li-cot, Mesdames, Gentil coqu'li-cot nouveau.

1
J'ai descendu dans mon jardin (*bis*)
Pour y cueillir du romarin.

Refrain
Gentil coqu'licot, Mesdames,
Gentil coqu'licot, nouveau.

2
Pour y cueillir du romarin (*bis*)
J'en avais pas cueilli trois brins.

3
Qu'un rossignol vint sur ma main

4
Il me dit trois mots en latin

5
Que les hommes ne valent rien

6
Et les garçons encore bien moins

7
Des dames il ne me dit rien

8
Des demoisell's beaucoup de bien

Les fleurs des jardins

La plupart des fleurs que l'on cultive aujourd'hui dans les jardins ne sont pas nées chez nous. Ce sont des voyageurs qui les ont rapportées. Les Croisés ont trouvé les roses en Syrie et les tulipes, elles, viennent de Turquie où elles étaient sauvages.

Pour apprivoiser les plus frileuses, nous avons inventé les serres, des palais de verre qui sont parfois chauffés. Ainsi pouvons-nous profiter des orchidées qui ne vivent normalement que dans les forêts tropicales.

Dansons la capucine
(chanson populaire)

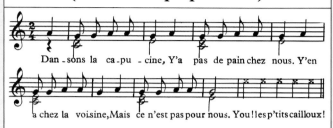

Dan-sons la ca-pu-cine, Y'a pas de pain chez nous. Y'en

a chez la voisine, Mais ce n'est pas pour nous. You! les p'tits cailloux!

capucines

1
Dansons la capucine,
Y'a pas de pain chez nous.
Y'en a chez la voisine,
Mais ce n'est pas pour nous.
You ! les p'tits cailloux !

2
Dansons la capucine,
Y'a pas de vin chez nous...

3
Dansons la capucine,
Y'a pas de feu chez nous...

Les graines

Le vent disperse les graines légères, les graines ailées, parfois très loin de la fleur d'origine et l'insecte transporte les graines velues qui s'accrochent à ses pattes. Ces graines germent en terre et donnent de nouvelles plantes.

C'est ainsi que croissent les fleurs, à l'état sauvage. Si on veut les cultiver, on achète des graines, on les plante, on arrose et … on attend. Voici quelques fleurs qui poussent à partir d'une graine :

le *chrysanthème*, la *rose trémière*, l'*œillet*, la *pivoine*, la *capucine*, le *géranium,* la *pensée*, le *delphinium*, l'*impatiens*, le *lupin*, le *pois de senteur*, le *pétunia*, le *zinnia*, la *lavande*, le *phlox*.

pétunia

Les lupins bleus brûlaient
comme des lampes douces.

J. Bourdeillette

lupin

Moi, je suis la tulipe, une fleur de Hollande,
Et telle est ma beauté, que l'avare Flamand
Paye un de mes oignons plus cher qu'un diamant
Si mes fonds sont bien purs, si je suis droite et grande.

Mon air est féodal, et comme une Yolande
Dans sa jupe à longs plis étoffée amplement,
Je porte des blasons peints sur mon vêtement,
Gueules fascé d'argent, or avec pourpre en bande.

Théophile Gautier

Les bulbes

Le bulbe est un bourgeon souterrain formé de feuilles serrées les unes contre les autres comme des écailles. Ce réservoir de richesses, nourriture de la plante, est assez résistant pour être planté en plein froid, l'hiver, ou même rester quelque temps hors de terre. Il y a des bulbes que l'on mange, comme l'oignon, l'ail ou l'échalote. Lorsqu'il se dédouble, le bulbe forme des « caïeux », des rejetons qui à leur tour donneront une fleur. Le *lis,* le *narcisse,* le *glaïeul,* la *tulipe* sont des fleurs à bulbe.

D'autres fleurs, comme l'*iris,* possèdent un **rhizome.** Cette fois-ci, il ne s'agit pas d'un bourgeon, mais d'une tige souterraine dont le bourgeon et la fleur sont les seules parties aériennes.

Au XVIIᵉ siècle, en Hollande, un caïeu de tulipe valait de l'or : on raconte qu'on allait jusqu'à en échanger un contre un moulin ! Depuis cette époque, les Hollandais ont si bien réussi à acclimater les tulipes dans leurs champs sablonneux, que l'on oublie presque qu'elles sont en fait originaires de Turquie.

Sauriez-vous reconnaître les fleurs à bulbe qui figurent dans le bouquet de la page précédente? Retournez votre livre et vérifiez vos réponses.

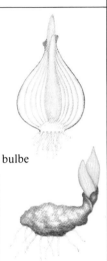

bulbe

rhizome

Réponses :

De gauche à droite : jonquille, narcisse, jacinthe, tulipe, lis, dahlia, bégonia.

Les arbres à fleurs

L'une des premières fleurs qui s'allume comme une lumière en février-mars est celle du *forsythia*. Elle fleurit sur un arbuste qui porte des centaines, des milliers de fleurs. Ensuite éclosent celles des arbres fruitiers, comme le *pêcher,* le *prunier,* qui donneront les fruits de l'été. En juillet, viennent les fleurs du *tilleul,* ce grand arbre qui peut atteindre jusqu'à trente mètres de haut.

Juste assez de douceur
Pour qu'au prunier une fleur,
Après l'autre, éclose.
Hattori Rantsetsu

1. *hortensia*
2. *forsythia*
3. *mimosa*
4. *lilas*
5. *fuchsia*
6. *rose*
7. *laurier-rose*
8. *seringa*
9. *glycine*
10. *camélia*
11. *rhododendron*
12. *spirée*
13. *buddléïa*
14. *magnolia*
15. *tulipier*
16. *sureau*

Jusqu'au XIXᵉ siècle, il existait peu d'arbres et d'arbustes à fleurs en Europe. Ce sont des botanistes qui ont rapporté de leurs voyages lointains presque tous les arbres à fleurs que nous cultivons aujourd'hui dans nos jardins. Le *fuchsia* vient d'Amérique du Nord, l'*acacia,* du Moyen-Orient, le *camélia,* de Chine. Mais au cours de ces voyages périlleux, la plupart des plantes mouraient. Les botanistes les conservaient alors dans des herbiers, ou en faisaient des dessins. Plus de cinq mille plantes ont été ainsi conservées.

Ci-contre, vous trouverez le nom des fleurs qui figurent dans le bouquet.

C'est la jeunesse et le matin.
Vois donc, ô ma belle farouche,
Partout des perles : dans le thym,
Dans les roses, et dans ta bouche.

L'infini n'a rien d'effrayant ;
L'azur sourit à la chaumière ;
Et la terre est heureuse, ayant
Confiance dans la lumière.

Quand le soir vient, le soir profond,
Les fleurs se ferment sur les
branches ;
Ces petites âmes s'en vont
Au fond de leurs alcôves blanches.

Elles s'endorment, et la nuit
A beau tomber noire et glacée,
Tout ce monde des fleurs qui luit
Et qui ne vit que de rosée,

L'œillet, le jasmin, le genêt,
Le trèfle incarnat qu'avril dore,
Est tranquille, car il connaît
L'exactitude de l'aurore.

Victor Hugo

L'horloge des fleurs

 1 h : *Laiteron, œillet.*
 2 h : *Salsifis jaune.*
 3 h : *Liseron, souci.*
 4 h : *Jacinthe, salsifis des prés.*
 5 h : *Belle-de-jour, chicorée, lin.*
 6 h : *Douce-amère.*
 7 h : *Nénuphar.*
 8 h : *Mouron.*
 9 h : *Souci des champs.*
10 h : *Volubilis.*
11 h : *Ornithogale*
       « dame-d'onze-heures ».
12 h : *Pourpier.*
13 h : *Œillet.*
14 h : *Epervière.*
15 h : *Pissenlit.*
16 h : *Chicorée.*
17 h : *Belle-de-nuit.*
18 h : *Géranium.*
19 h : *Pavot.*
20 h : *Liseron.*
21 h : *Spirée.*
22 h : *Ficoïdes.*
23 h : *Silène.*
 0 h : *Cactier.*

Chez les fleurs, comme chez les hommes, il y a les lève-tôt et les couche-tard. Voici l'heure à laquelle certaines d'entre elles se réveillent et ouvrent leurs pétales.

*euphorbe
réveille-matin*

Amis ou ennemis ?

Ces petits animaux sont-ils amis ou ennemis de vos fleurs ? Devinez et vérifiez vos réponses en retournant votre livre.

papillon

Ami ! Il transporte le pollen qui permet aux fleurs de se reproduire.

fourmi

Ennemie. Elle fait des trous dans les plates-bandes et elle élève des troupeaux de pucerons.

oiseau

Ami. Il mange les bêtes qui mangent les fleurs.

taupe

Ennemie. Elle abîme les racines en creusant ses tunnels.

abeille

Amie. De fleur en fleur, elle porte le pollen qui sert à la reproduction des fleurs.

A l'aurore
Les violettes penchent la tête :
Une taupe a passé.

Nozawa Bonchô

limace
Ennemie. Elle mange les plantes.

puceron
Ennemi. Il mange les jeunes pousses, surtout celles des rosiers.

coccinelle
Amie. Elle mange les pucerons qui mangent les fleurs.

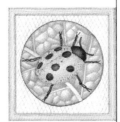

ver de terre
Ami. En creusant ses tunnels, il allège la terre et la laboure.

escargot
Ennemi. Il dévore les jeunes feuilles tendres.

Jardins en pots

Si vous avez la chance d'avoir un jardin, vous pouvez réserver un coin pour cultiver des fleurs. Mais sur votre balcon, dans des pots tout simples, vous pouvez aussi jardiner.

Faut-il planter des graines ou des plants ?

Au début, il vaut mieux éviter de choisir des petites graines qui nécessitent des semis. Il est plus simple d'acheter des grosses graines, comme celles des *capucines*, ou bien des plants.

Choisissez des pots suffisamment grands pour que vos fleurs poussent à leur aise. Dès que vous aurez mis en pot vos plants ou vos graines, tassez la terre et arrosez.

N'arrosez jamais vos fleurs en plein soleil, elles se flétriraient. Arrosez-les le matin ou le soir avec un petit arrosoir qui verse l'eau en fine pluie.

Voici les fleurs que vous pouvez planter dès le mois d'avril :

Quelques plants de *fraisiers* qui fleuriront en été et donneront des fruits.

Des grosses graines de *capucines*, de soucis, de *pois de senteur*, de *tournesols*.

Des plants de *pétunias*, d'*œillets d'Inde* qui fleuriront tout l'été.

Dès le mois de novembre, vous pouvez planter des fleurs à bulbe.

Voici que s'ouvre la fleur de l'aurore.

Federico Garcia Lorca

Voici trois exemples de jardin en pot :

Jardinière de printemps

Vous pouvez planter dans un même pot en cette saison des plants

de *myosotis,*
de *pensées bleues*
et de *pâquerettes*
blanches ou roses.

Il est jour :
levons-nous, Philis ;
Allons
à notre jardinage,
Voir s'il est,
comme ton visage,
Semé de roses
et de lys.

Théophile de Viau

Jardinière d'été

A la fin du printemps, vous pouvez commencer à planter des plants

ou des grosses graines
de *capucines,*
de *soucis* et
de *pétunias*
aux couleurs variées.

Jardinière aromatique

Ces herbes donnent de jolies fleurs bleues et parfument les plats de l'été.

Vous pouvez planter
au printemps, en été,
des plants de *lavande,*
de *sauge*
et de *menthe.*

47

Les boutures

Mais non,
chat gris,
Lorsque
tu as bondi,
Ce n'est
que l'ombre
d'une rose
A peine éclose
Que tu as prise
Pour une souris.

Maurice Carême

Pour votre jardin, votre balcon ou votre chambre, vous pouvez demander des boutures à des gens qui ont des fleurs. Voici comment faire pour des boutures de géranium :

En été, coupez une tige sur un gros géranium, à quatre feuilles du bout.

Il reste une bouture que vous planterez tout simplement dans un nouveau pot et que vous arroserez régulièrement.

volubilis

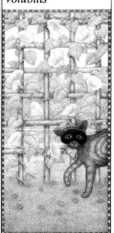

Dans un pot un géranium,
Un poisson dans l'aquarium.
Géranium et poisson rouge,
Si tu bouges, si tu bouges,
Tu n'auras pas de rhum,
Géranium, géranium,
Géranium et poisson rouge.

Robert Desnos

Les fleurs des cactus

Aimez-vous les plantes succulentes ? Ce ne sont pas des plantes bonnes à manger, mais des plantes grasses aux tiges imbibées d'eau et de suc.

Voici quelques plantes grasses que vous pouvez cultiver chez vous et composer des petits jardins désertiques.

L'*opuntia bergeriana*, surnommé « raquette de berger » à cause de ses tiges allongées et ovales. Au Mexique, elles servent à nourrir les animaux. Ce cactus fait de nombreuses fleurs qui donnent des figues de Barbarie, fruits succulents.

L'*astrophytum étoilé*, qui fait l'orgueil des collectionneurs de plantes grasses. Une grosse fleur jaune sort de cette plante ronde et dodue, creusée de sillons et ornée de coussinets laineux. Vous pouvez presque oublier de l'arroser, votre *astrophytum* ne vous en voudra pas.

L'*echinopsis*, originaire d'Amérique du Sud. Cette grosse plante ronde fleurit en juin-juillet. Malheureusement ses belles fleurs blanches très odorantes ne durent qu'une seule nuit : elles éclosent à la tombée du soir et se flétrissent au petit matin.

L'*épiphyllum de Bridges* dont les rameaux ressemblent à des feuilles soudées les unes aux autres. Ses fleurs roses ou rouges s'épanouissent comme par enchantement, vers Noël.

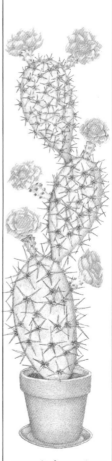

opuntia bergeriana

49

Le pot-pourri

Le pot-pourri est un mélange de pétales de fleurs odorantes. On les fait sécher en tout début de leur floraison afin d'en conserver l'odeur.

Il existe toutes sortes de « recettes » de pot-pourri, surtout en Angleterre, mais ils comportent presque tous de la rose rouge car elle sent très fort, ainsi que de la lavande.

Enfermés dans un sachet de gaze ou dans une boîte percée de trous, les pétales odorants protègent les armoires à linge des mites et des insectes.

Vous pouvez aussi faire un pot-pourri dans une coupe ou une assiette en porcelaine.

Voici les fleurs qui conviennent le mieux :

le *chèvrefeuille,* pour son parfum de miel ; la *giroflée*, avec ses feuilles ; la *tanaisie*, à l'odeur légèrement amère ; le *millepertuis*, qui sent la clémentine ; la *bourrache*, à la belle couleur bleue, la *camomille*, à corolle blanche, et bien sûr la *lavande,* très odorante.

Les premières roses
s'éveillent
leur parfum
est timide
comme un rire
léger, léger.
Fuyant, le jour
les frôle
d'une aile lisse
l'hirondelle…
Rainer Maria Rilke

L'air est plein
d'une haleine de roses.
Malherbe

Voici une recette de sachet de lavande à glisser dans votre armoire pour parfumer le linge.
Achetez chez un herboriste :

60 g de fleurs de *lavande*
30 g de feuilles de *romarin* en poudre
60 g de racine d'*iris* en poudre
Huile de *rose*.

Mélangez la *lavande,* le *romarin,* l'*iris* et ajoutez quelques gouttes d'huile de *rose*. Confectionnez un petit sachet de gaze et remplissez-le de ce mélange odorant.

Ce n'est pas une vie,
De toujours vivre empoté
Dit le mauve pétunia

Ce n'est pas une vie
De toujours vivre sous serre
Dit la botte d'œillets

Ce n'est pas une vie
De toujours vivre sous cloche
Dit la rose du Petit Prince

Comme ils sont heureux
Les asphodèles et les volubilis
Avec leur nom à coucher dehors !

Robert Fabbri

L'huile des fleurs
s'exprime :
L'essense
de la Rose,
Le soleil seul
ne peut l'extraire –
C'est le don
du pressoir.

Emily Dickinson

lilas

Le parfum

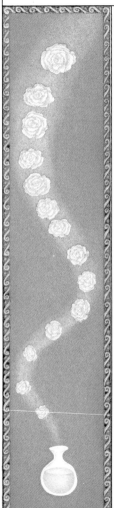

Vous savez bien sûr que le parfum vient des fleurs ! Mais comment le fabrique-t-on ?

Qui n'a pas un jour essayé de mettre des pétales de rose dans une bouteille d'eau pour faire du parfum à la rose... et n'a été très déçu par le résultat ?

Bien sûr, ce n'est pas exactement comme cela que l'on fait du parfum.

Tout commence avec l'« essence » : on met les fleurs dans un distillateur où elles sont « bouillies » dans de l'eau. La vapeur s'en va, monte et emporte avec elle une huile qui sort de la fleur et porte en elle l'odeur qui donnera le parfum. Quand la vapeur retombe, on recueille cette huile, l'huile « essentielle », qui flotte sur l'eau. Puis on la mélange avec de l'alcool et l'on en fait une eau de toilette, un parfum.

Hélas, faute de distillateur, on ne peut pas fabriquer du parfum soi-même.

La fleur n'est pas le seul élément de la plante qui entre dans la composition des parfums. Des parfumeurs utilisent aussi la feuille, le fruit, la graine, le bois, l'écorce ou même la racine de certaines plantes.

Pour fixer l'odeur d'un parfum, on utilise des substances animales,

comme le *musc*, qui vient du ventre du chevreuil ou l'*ambre,* extrait de l'estomac du cachalot.

Aujourd'hui, la plupart des parfums sont fabriqués à partir d'éléments chimiques. Savez-vous que l'on parvient à reconstituer l'odeur du *jasmin* à partir du pétrole ?

Voici les différentes sortes de parfums, tous plus ou moins inoubliables :

Les parfums frais et simples qui viennent d'une seule plante comme la *lavande,* la *verveine,* le *vétiver* ou la *citronnelle* (qui a le pouvoir de chasser les moustiques).

Les parfums doux et voluptueux qui viennent des fleurs tubéreuses (fleurs en grappes) comme le *jasmin,* le *stéphanotis* ou les mélanges dans lesquels elles dominent.

Les parfums capiteux et lourds comme ceux de certaines *roses*.

Les parfums orientaux comme ceux fabriqués à partir du *bois de santal* ou du *patchouli.*

Voici les fleurs dont le parfum naturel est le plus agréable : la *rose*, le *jasmin*, le *lilas*, la *jacinthe*, le *muguet*, l'*ajonc*, l'*églantine*, la *menthe*, le *lis,* le *seringa*, le *chèvrefeuille*, la *lavande*, la *glycine*, le *sureau*, la *camomille*, le *pois de senteur*, l'*œillet.*

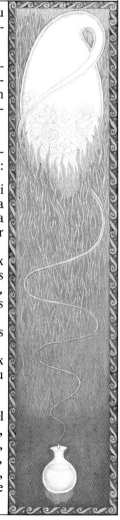

Le miel

Pour faire du miel, il faut une abeille et une fleur.

L'abeille sent la fleur, s'y précipite. Elle disparaît au fond de la corolle et elle aspire son nectar (sorte de jus produit par une glande qu'on ne voit pas, la glande nectaire). Elle le garde dans son tube digestif et elle va le recracher dans les alvéoles de la ruche. On n'a plus qu'à recueillir le miel pour le mettre en pots. Mais les abeilles évidemment n'aiment pas qu'on leur retire leur miel. C'est pour elles qu'elles le font. Alors l'apiculteur se protège sinon elles le piqueraient.

Si on veut obtenir du très bon miel, il faut mettre les ruches près de la *bruyère* ou de l'*acacia.* Mais les abeilles peuvent aussi faire du miel avec du *colza,* de la *lavande* ou du *trèfle blanc.*

Avec le miel, on fait du pain d'épice et du nougat. On le déguste aussi tout simplement sur une tartine.

trèfle

L'abeille, pour boire des pleurs,
Sort de sa ruche aimée,
Et va sucer l'âme des fleurs
Dont la plaine est semée ;
Puis de cet aliment du ciel
Elle fait la cire et le miel.

Saint-Amant

bruyère rose

Du cœur de la pivoine
L'abeille sort,
Avec quel regret !

Matsuo Bashô

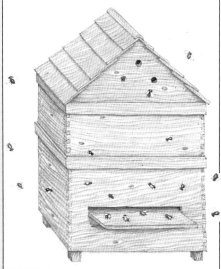

Violet
Dans du lait
Violo
Dans de l'eau

Violine
Dodeline

Violon
C'est trop long
Violette
Je m'arrête.

A. Froissart

La teinture

Le coton, naturellement est blanc ; la laine, blanche ou brune.

Pour les teindre de couleurs vives, depuis des siècles, on se sert des plantes qui poussent dans les champs, au bord de l'eau, sur les chemins. On utilise, par exemple, depuis toujours : l'*achillée,* le *genêt,* le *pissenlit,* l'*ortie,* la *bruyère rose* qui donnent des jaunes plus ou moins vifs. Ainsi que la *camomille* qui teint en orange, la *digitale* en vert foncé, le *cytise* jaune en vert clair, l'*iris* et le *nénuphar* en noir.

Teindre, c'est difficile. Il faut faire bouillir la laine avec des fleurs en quantité bien dosée. Et ensuite « fixer » cette couleur avec un « mordant » pour qu'elle ne déteigne pas ensuite.

genêt

nénuphar

Mais si vous voulez essayer, vous pouvez, par exemple, faire bouillir un vieux tee-shirt blanc avec du *genêt.* Vous obtiendrez un joli vert.

Un déjeuner...

Voici un menu entièrement composé avec des fleurs. Est-ce si étrange ? Les Japonais dégustent en salade les feuilles et les pétales de certains *chrysanthèmes* .

Entrée
*Salade
de capucines
ou
Soupe
aux orties*

Plat du jour
*Omelette
aux pissenlits*

Dessert
*Violettes givrées
Confiture
de roses*

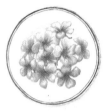

Salade de capucines

Elle est toute simple à faire. Il suffit de laver les fleurs et de les accommoder en vinaigrette.

Soupe aux orties

Faire cuire les orties et les pommes de terre pendant 20 mn et les passer à la moulinette. Remettre sur le feu et ajouter la crème fraîche, le sel et le poivre avant de servir.

200 g d'orties (la partie fleurie seulement)
4 grosses pommes de terre
Crème fraîche

...de fleurs

Omelette aux pissenlits
pour 4 personnes

Battre les œufs et les faire cuire dans une poêle. Sur un deuxième feu, faire rissoler 5 mn les fleurs dans l'huile et y ajouter le lard coupé en fines lamelles. C'est ce mélange qu'au dernier moment on ajoute aux œufs après l'avoir poivré.

150 g de fleurs de pissenlits à peine écloses
100 g de lard
1 bouquet de persil
8 œufs

Violettes givrées

Voici une friandise aussi jolie que bonne. Les violettes doivent être toutes fraîches. Les laver et les faire sécher sur du papier blanc. Faire chauffer un blanc d'œuf puis, avec un pinceau en enduire chaque fleur et les saupoudrer de sucre en poudre. Faire sécher les violettes sur du papier sulfurisé.

Confiture de roses

Plonger les pétales quelques minutes dans une casserole d'eau bouillante (à l'aide d'une passoire). Arroser avec le jus du citron. Plonger les pétales dans le sirop obtenu en chauffant l'eau et le sucre. Le sirop doit être assez compact pour former une goutte bien distincte dans l'eau froide. Laisser reposer 12 h. Chauffer à nouveau jusqu'à ce que les pétales soient transparents et mettre en pots.

500 g de pétales de roses
2 kg de sucre en poudre
1/2 litre d'eau
1 citron

Ma mère me mène au jardin
Dans la lumière qui commence
Voir les fleurs s'ouvrir au matin
Lorsque les branches se balancent
Mille fleurs disent mille contes
A mille amoureuses, tout bas,
Tandis que la source raconte
Ce que le rossignol ne dit pas.

Ouverte était la rose
Avec l'aube levée,
De tendre sang si rose
Que fuyait la rosée ;
Sur sa tige si chaude
Que le vent s'y brûlait,
Si brillante, si haute !
Elle s'épanouissait !

L'héliotrope répétait :
« Sur toi je viens poser mes yeux. »
« Vivante je ne t'aimerais »,
Répond le basilic en fleurs.
Violette dit : « Je suis timide. »
Rose blanche : « Je suis froideur. »
Jasmin : « Fidèle au cœur limpide. »
L'œillet : « Je suis tout de passion. »

Federico García Lorca

Le langage des fleurs

Dans le passé, les fleurs servaient parfois à communiquer, à exprimer à quelqu'un ses sentiments. Chaque fleur avait une signification. Plus les fleurs étaient vives, plus le parfum était fort, et plus le message était passionné.

cyclamen

Arum	poésie
Aster	confiance
Bégonia	sympathie
Bleuet	timidité
Camélia	fierté
Capucine	indifférence
Crocus	inquiétude
Cyclamen	jalousie
Dahlia	reconnaissance
Glycine	tendresse
Hortensia	caprice
Iris	tendresse
Jasmin	amour voluptueux
Jonquille	mélancolie
Lavande	respect
Lilas	amitié
Lis	pureté
Marguerite	simplicité
Mimosa	sécurité
Narcisse	égoïsme
Nénuphar	indifférence
OEillet	passion
Pavot	rêve
Pensée	pensée
Rose rouge	amour fou
Souci	chagrin
Violette	amour secret
Zinnia	oubli

As-tu pour moi
quelque message ?
Tu peux parler,
je suis discret.
Ta verdure
est-elle un secret ?
Ton parfum
est-il un langage ?

Alfred de Musset

arum

61

Les bouquets

Autrefois, les « bouquets de dame » remplaçaient une lettre, ou un billet d'amour. A la dame qui recevait une *rose* rouge entourée de *myosotis* et de *citronnelle*, on offrait ainsi des mots tendres. Un bouquet de *camomille* aux fleurs blanches et or accompagnées de brins de *sauge* verts et or signifiait, lui, sagesse et sérénité. Dans ces bouquets miniatures, chaque tige, chaque corolle avait sa signification. Pour les rendre encore plus raffinés, on nouait les tiges entourées d'un napperon de papier ou de tulle avec un ruban de couleur.

glycines, jonquilles, violettes

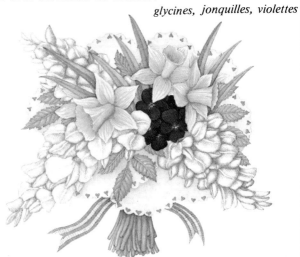

Ce gay bouquet qu'icy je vous présente,
Est fait de fleurs, que la terre plaisante
Fait de son sein les premières sortir
Quand le Printemps la daigne revestir...

Le bouquet est tout semé de pensées,
J'en porte au cœur un millier amassées.

Pierre de Ronsard

> Des fleurs dans les vases
> De l'eau dans le ciel,
> De l'air dans les arbres,
> Du feu dans le vent.   Jean Tortel

Nous aimons tous les bouquets. Voici quelques conseils pour bien les réussir. Achetées ou cueillies, il faut commencer par mettre les fleurs à boire dans un seau ou dans l'évier. Puis retirer toutes les feuilles qui tremperaient dans l'eau du vase. Les feuilles pourriraient et rendraient l'eau trouble.

Pour faire durer un bouquet, on peut ajouter à l'eau du vase un morceau de sucre, un cachet d'aspirine ou un peu d'eau de Javel.

lin

Il y a mille vases possibles pour faire un bouquet : un bol, un encrier, une assiette creuse, une boîte en fer blanc. Et mille formes possibles de bouquets.

On peut composer des bouquets tout ronds avec une seule sorte de fleurs, comme les *pâquerettes*, auxquelles on ajoute une collerette de feuilles de lierre ou de fougères.

roses, lilas, lis

On peut imaginer un bouquet dont l'intérêt serait la couleur : tout jaune, avec plusieurs sortes de fleurs ; bleu, blanc, rouge, pour le 14 juillet, avec des *marguerites*, des *coquelicots* et des *bleuets*.

Et une fleur dans une petite assiette d'une couleur qui lui convient peut être à elle seule un bouquet.

aubépine, chicorée, chélidoine, nielle des champs

Il est si beau qu'on le croirait
Fait de rires et de reflets.
Ce n'est pourtant à la fenêtre
Où il luit si étonnamment,
Qu'un tout petit bouquet champêtre
De fins bluets et d'origans ;
Ce n'est qu'un tout petit bouquet
Fait de rires et de reflets,
Un tout petit bouquet de fête
Où frissonne une odeur champêtre,
Et l'on dirait qu'il va parler
Avec de doux mots de rosée.

Maurice Carême

Les ikebanas

Un art du bouquet très spécial, l'ikebana japonais. Les Japonais ont créé une façon d'arranger les fleurs très subtile et très compliquée, l'ikebana. Chaque bouquet est construit comme une sorte de sculpture végétale et a sa signification. A chaque fête, à chaque saison correspond un ikebana. Et chaque ikebana porte un nom particulier.

Par exemple, « automne à la campagne » est composé de *roses* et de *buis*. Avec ses roses à la surface de l'eau et le contraste des couleurs, il exprime la paix de l'automne.

« L'épée » est le nom d'un bouquet créé pour la fête des garçons. Il exprime la dignité et la virilité, en souvenir des samouraïs d'autrefois.

Que n'ai-je
un pinceau
Qui puisse peindre
Les fleurs
du prunier
Avec leur parfum !

Satomura Shôba

La couleur des fleurs
Enveloppées de brouillard
Nous est cachée ;
Vole au moins leur parfum
Vent printanier de la montagne.

Yoshimine no Munesada

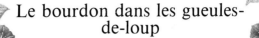

Le bourdon dans les gueules-de-loup

Le faux bourdon c'est un farceur
Le matin, il met son plastron
Un énorme nœud papillon
Et des lunettes sur son front.

Pour se donner l'air d'un docteur.

Puis il rend visite à ces fleurs
Qu'on appelle gueules-de-loup
Il leur dit en faisant la moue :
Vous avez de pâles couleurs !

Je vous en prie, asseyez-vous.
Je suis le meilleur des docteurs.
Tirez-moi la langue tout doux
Ouvrez donc la bouche sans peur

Si vous avez la langue blanche
Restez au lit jusqu'à dimanche

Si vous avez la langue noire
Vous boirez du sirop de poire

Et si vous n'avez rien du tout
Moi je donne ma langue au chat
Vous retrouverez votre éclat
Dès que le soleil reviendra.

J. Gaucheron

Les tisanes et les potions

Autrefois, les plantes, qu'on appelait les « simples », servaient à faire les remèdes, les potions.

On utilisait leurs fleurs, leurs feuilles ou leurs racines en les faisant sécher, macérer ou infuser. Il y avait des moments plus favorables que d'autres pour les cueillir et la fabrication des potions était une science subtile. Car les remèdes mal dosés peuvent devenir des poisons.

Voici ce que l'on conseillait aux malades dans les livres de santé du XIXᵉ siècle :

Le *pavot*, pour la respiration
La *rose trémière*, pour l'angine
L'*ortie*, pour les hémorragies
La *violette*, pour la vue
Le *souci*, pour les verrues
La *camomille*, pour la digestion
L'*aubépine*, pour le cœur
La *rose* et le *bleuet*, pour les yeux.
Le *bouillon blanc*, pour la toux.

Aujourd'hui encore, la plupart des médicaments sont fabriqués à partir des plantes.

La violette

Franche
d'ambition
je me cache
sous l'herbe,
Modeste
en ma couleur,
modeste
en mon séjour.

Desmarets de Saint-Sorlin

bouillon blanc

Les fleurs carnivores

Carnivore signifie « qui mange de la viande ». Les fleurs carnivores sont des fleurs qui se nourrissent d'insectes.

Elles les attirent par leur odeur et lorsqu'ils s'aventurent sur elles, elles les retiennent prisonniers.

La *grassette vulgaire,* ou « langue d'oie », que vous voyez ici a l'air d'une innocente petite fleur bleue. En fait, c'est une redoutable dévoreuse d'insectes. Elle les attire grâce à ses feuilles odorantes sur lesquelles ils viennent se poser, et les retient prisonniers, car ses feuilles sont aussi gluantes.

Lorsque la plante « sent » ses minuscules proies, ses feuilles s'enroulent et se referment sur elles, puis les digèrent grâce au suc qu'elles secrètent. C'est ainsi que la *grassette vulgaire* se nourrit, grandit, et capture encore davantage d'insectes !

Les fleurs magiques

Autrefois, les sorciers et les sorcières utilisaient toutes sortes de plantes et de fleurs pour fabriquer leurs potions, ou pour exercer leurs pouvoirs magiques.

La *bryone dioïque*, est une sorte de petite vigne vierge, avec des fleurs blanches en étoile, qui court sur les vieux murs. On en fait parfois des couronnes pour se déguiser.

Les sorciers ramassaient sa racine qui a une forme un peu humaine et ils en faisaient une espèce de « poupée-monstre » qu'ils donnaient à leur client pour qu'elle leur porte chance et richesse. Les gens enfouissaient la racine de *bryone* au fond de leurs armoires et quand il leur arrivait quelque chose de bon, ils se disaient : « C'est la racine de *bryone* qui a voulu ça ! »

La *rossolis drosera* que l'on trouve dans les terrains marécageux a une forme assez inquiétante et dévore les insectes. Elle fut très recherchée par les alchimistes, ces savants étranges qui essayaient de fabriquer de l'or avec d'autres matériaux. Ils pensaient que la rosée qui s'accroche continuellement à cette fleur était magique si on la recueillait à minuit, la nuit de la Saint-Jean.

bryone

«Gardez-vous de couper un coquelicot, si vous ne voulez qu'un orage se déchaîne sur votre tête.»

Dicton

géranium

L'herbier

L'herbier est un recueil où l'on conserve des fleurs séchées avec leur nom, la date et l'endroit où on les a trouvées.

Un herbier doit être réalisé avec beaucoup de soin. Il vous faut d'abord choisir un joli classeur où vous enfermerez vos fleurs, mais aussi la couleur des feuilles de papier sur lesquelles vous les collerez, l'encre avec laquelle vous écrirez leurs noms...

Evitez de prendre un cahier car il faut pouvoir rajouter ou intervertir des pages. Si vous avez beaucoup de fleurs, vous pouvez les classer par couleur, par espèce, ou même par ordre alphabétique. Vous pouvez aussi spécialiser votre herbier. Par exemple, si vous avez l'habitude d'aller au bord de la mer, vous pouvez composer votre herbier de fleurs qui poussent au bord de la mer.

Pour sécher vos fleurs, vous pouvez prendre un Bottin ou un dictionnaire. Mais parfois ces gros livres finissent par les écraser. Pour garder à la fleur son volume, il vaut mieux prendre deux feuilles de papier, deux feuilles de mousse d'1 cm d'épaisseur (chez les reliers), et les serrer entre deux cartons maintenus par deux élastiques. La fleur séchera ainsi sans être trop aplatie.

Dans un album
Mourait fossile
Un géranium
Cueilli aux Iles.
Jules Laforgue

Les prénoms de fleurs

Si tu veux faire
mon bonheur,
Marguerite,
Marguerite,
Si tu veux faire
mon bonheur,
Marguerite donne-
moi ton cœur.

Chanson

Rose,
Marguerite,
et aussi
Véronique
Valériane
Jacinthe
Narcisse
Lilyane
Gentiane
Hortense
Iris
Anémone
Angélique
Capucine
Garance
Eglantine
Jasmine
Marjolaine
Daisy
Violette
Fleur

Les prénoms ont leur mode. Presque toutes nos grands-mères (ou vos arrières-grands-mères), nées en 1900 s'appelaient Marguerite. Il existe des *fleurs* célèbres comme Sainte *Véronique, Hortense* de Beauharnais, *Narcisse…*

Le petit lexique des fleurs

Alpes

Sur les hautes montagnes, les fleurs peuvent pousser jusqu'à 2 000 mètres et même au-delà. Elles sont souvent trapues, comme l'edelweiss, et, comme la joubarbe au rouge vif, leur couleur est plus intense que les fleurs des plaines.

Artificielles

Les Chinois sont réputés pour leur adresse à reproduire les fleurs naturelles en tissu, en papier coloré, en soie ou en plumes. Elles étaient autrefois très appréciées chez nous pour décorer les chapeaux des dames.

Bouquet

Les feux d'artifice se terminent toujours par un jaillissement de fusées multicolores composé comme un gigantesque bouquet de fleurs.

Chou-fleur

Un légume dont on déguste la fleur charnue.

Conter fleurette

Les amoureux *se content fleurette* quand ils échangent des mots tendres.

Corne d'abondance

Dans les légendes anciennes, cette corne miraculeuse regorgeant de fleurs et de fruits était le symbole de l'abondance.

Coton

Les chemises, les draps, le linge en coton, viennent de la fleur du cotonnier. Cet arbuste pousse en Inde, en Amérique et en Egypte et on récolte sa fleur floconneuse en juin. Le coton est ensuite séché, battu, peigné, filé, avant d'être tissé.

Dent-de-lion

C'est, à cause de ses feuilles dentelées, le second nom du pissenlit. Il est diurétique et sa racine sert à la chicorée.
Ses fruits en aigrette forment une boule duveteuse que le moindre souffle éparpille.

Eau de rose

Parfum léger fait à partir des pétales de rose.
On appelle *roman à l'eau de rose,* une histoire très banale et très sentimentale.

Ecosse

Ce pays a pour emblème le chardon.

Effleurer

Il y a le mot *fleur* dans ce verbe qui signifie « toucher d'un geste léger la surface d'un objet ».

Escargots

C'est eux qui sont chargés de transporter le pollen de la *calle des marais*, sorte d'*arum sauvage* vénéneux.

Eternuer

La *rose de Noël*, ou *hellébore*, contient un narcotique qui rentre dans la composition de la poudre à éternuer.

Filles

Longtemps, on a raconté aux petits enfants que les filles naissaient dans les roses, et les garçons dans les choux.

Fleur

Le mot *fleur* ne désigne pas seulement des plantes aux multiples visages. On le rencontre dans des expressions comme : *à fleur d'eau, à fleur de peau* qui veulent dire *à la surface de* ; on dit aussi *la fleur de l'âge* pour : *la pleine jeunesse*.

Fleur bleue

C'est une expression que l'on réserve à tout ce qui est un peu trop sentimental.

Fleuriste

On appelle *peintres fleuristes* ceux qui peignent des fleurs et des bouquets.

Géante

La plus grande fleur du monde est celle du *lis parasite orange et blanc* qui pousse dans le sud-est asiatique. Elle mesure 92 cm de large et pèse 8 kg. En France, c'est le nénuphar blanc qui bat le record de grandeur. Il peut mesurer jusqu'à 14,5 cm de large.

Gentleman

Comment reconnaît-on un gentleman anglais ? Il porte un chapeau melon, un parapluie et un œillet rouge à la boutonnière.

Giverny

On peut visiter à Giverny, dans l'Eure, le jardin que Claude Monet a créé et a peint avec amour pendant plus de trente ans. C'est là qu'il a peint ses célèbres *Nymphéas*.

Hortensia

On l'appelle aussi *hydrangelle*. Il fut importé de Chine et on lui donna le nom de la femme d'un horloger de Paris, Hortense Le Paute. Pour avoir des hortensias bleus, plantez-les dans une terre riche en ardoise.

Hybride

Se dit d'une plante ou d'une fleur provenant d'un croisement d'espèces différentes.

Impatiente-ne-me-touchez-pas

C'est une plante si susceptible que dès qu'on touche son fruit, il projette ses graines à plusieurs mètres en se détendant comme un ressort. On l'appelle aussi *balsamine*.

Julie

Julie était une duchesse du XVIIᵉ siècle à qui son époux offrit une guirlande de fleurs chargée de mots d'amour : *La Guirlande de Julie*. Chacune des fleurs était accompagnée d'un poème écrit par les plus grands poètes de l'époque.

Kew Garden

C'est un jardin public, près de Londres, dans lequel on peut voir l'une des plus belles serres du monde.

Le Nôtre

Le plus illustre des jardiniers français. C'est lui qui dessina les jardins de Versailles, Vaux-Le-Vicomte et Chantilly. Son employeur s'appelait Louis XIV.

Lis

La fleur de lis était l'emblème des rois de France.

Belle, ces lys que je vous donne auront plus d'honneur mille fois de servir à votre couronne que d'être couronnés aux armes de nos rois
Desmarets de Saint-Sorlin

Lotus

Dès que le soleil se couche, la fleur du lotus d'Egypte, sorte de nénuphar, plonge dans l'eau et ne reparaît qu'au matin.

Mandragore

Elle a des fleurs bleues, blanches ou rouges et sa racine fourchue ressemble un peu à une petite poupée. Autrefois, elle servait de porte-bonheur.

Marguerite

Effeuillez la marguerite pour savoir s'il (ou elle) vous aime *un peu, beaucoup, passionnément, à la folie, pas du tout.*

Détachez un à un les pétales, le dernier vous le dira.

Mayflower

En français : *Fleur de mai*. C'est le nom du navire qui transporta vers l'Amérique du Nord, en 1620, les premiers pionniers.

Mille-fleurs

C'est ainsi que l'on nomme les tapisseries du Moyen-Age où les personnages, comme la *Dame à la Licorne*, sont représentés sur un gazon parsemé de fleurs.

Narcisse

Ce n'est pas seulement la fleur à bulbe qui éclôt à la fin de l'hiver, mais aussi un personnage légendaire d'une grande beauté. Il mourut lorsqu'il contempla son visage dans l'eau et fut changé en fleur.

Nénuphar

Selon sa couleur, le nénuphar porte des noms différents. Le nénuphar jaune est appelé *jaunet d'eau* et le nénuphar blanc, *nymphéa* ou *lune d'eau*.

Oranger (fleur d')

Autrefois, les mariées étaient couronnées de ces fleurs blanches, symboles de pureté. L'eau de fleur d'oranger possède des vertus soporifiques, autrement dit elle fait dormir.

Orchidée

Il existe plus de 5 000 familles d'orchidées. Ce sont des fleurs très bizarres aux formes maléfiques et précieuses. Les femmes parfois les portent comme un bijou.

Oreille de souris

C'est ce que signifie en grec *myosotis,* jolie petite fleur bleue aux pétales ronds... comme une oreille de souris. En anglais, son nom n'est pas moins tendre : on l'appelle *forget-me-not : ne m'oubliez pas.*

Passiflore

Ou *fleur de la pas-sion.* Les longues étamines qui couronnent cette sorte de *cléma-tite* rappellent la couronne d'épines du Christ, le jour de la Passion. De là vient son nom.

Polynésie

Il est de coutume en Polynésie de souhaiter la bienvenue à un étranger en lui offrant un collier de fleurs.

Quatre

C'est le nombre de feuilles du *trèfle* qui porte bonheur.

Reflets d'or

Les cheveux blonds rincés avec une infusion de fleurs de *camomille* prennent des reflets d'or.

Rose

Cette fleur qui a inspiré tant de poètes est le symbole de la beauté et de l'amour.

Savon

L'infusion de *saponaire,* fleur qui pousse au bord des chemins, mousse comme du savon, d'où son nom.

Tournesol

Ces fleurs, d'un jaune éclatant se tournent toujours vers le soleil. On les cultive dans les champs et on fait de l'huile avec leurs graines.

Tulipe noire

Le noir, pourrait-on croire, n'est pas une couleur pour les fleurs. Pourtant, des générations d'horticulteurs hollandais se sont acharnés, au prix de maints croisements, à faire sortir de terre la *tulipe noire,* splendide spécimen aux reflets violet foncé. Plus elle est sombre, plus elle est rare et fait la fierté de son créateur.

Utrica

C'est le nom latin de l'*ortie*. Ses poils urticants irritent la peau et donnent des boutons.

Utriculaire

Plante d'eau carnivore dont la fleur se nourrit de petits insectes et de crustacés minuscules.

Vanille

Sorte d'*orchidée* au nom savoureux dont le fruit, en gousse, parfume flans, crèmes et gâteaux.

Volubile

Se dit des fleurs, comme le *liseron*, le *chèvrefeuille*, dont la tige grandit en s'enroulant en volutes autour d'autres plantes.

Wordsworth

Grand poète anglais, amoureux de la nature. Il est surtout connu pour son très beau poème *Daffodils : Les Jonquilles*.

Xéranthème

Nom savant des *immortelles*. Ces fleurs, en séchant, peuvent garder leurs couleurs pendant des années.

Yucca

Il vient d'Amérique. Sa fleur ressemble un peu à un *muguet* géant et ne fleurit que tous les deux ans.

Zinnia

Il fut importé du Mexique. Il étonne par la variété de ses coloris. Plusieurs jaunes, plusieurs roses, plusieurs rouges. Pourtant dans le « langage des fleurs », il est le triste synonyme de l'inconstance : « *Vous ne m'aimez plus ?* »

Dans chaque branche
De ces fleurs
Des centaines de mots
Sont cachés.
Ne les traitez pas
insouciamment !

Fujiwara no Hirotsugu

Biographies

Marie-France Boyer est née en 1942 à Paris. Elle est journaliste. Elle a déjà écrit deux livres pour les enfants, *Pom Patapom* et *La grippe de Nils ou la famille éclatée.* Elle est également l'auteur de deux filles qui, comme l'indique ce livre, sont nées dans des roses. De là date son goût pour les fleurs.

Claude Camille Variéras est né le 21 avril 1947 à Levallois-Perret. Il a peint toutes les images de ce livre à l'aquarelle, sur du papier Schoeller lisse, avec des pinceaux Kolinski en queue de martre (celles qui viennent de Sibérie). La plupart ont été réalisées au format où vous les voyez (sauf quelques-unes, légèrement agrandies) avec ces seuls instruments, de très bons yeux et une toute savante patience. L'illustrateur tient à remercier particulièrement le photograveur Gianni Stavro de Trieste pour la finesse de la reproduction.

Table des poèmes

4. Colette, « L'iris dort… » (extrait, *Les Vrilles de la vigne,* Hachette). **6.** Pierre de Ronsard, « Mignonne… » (*A Cassandre,* Odes I, 17, Garnier, 1923). **8.** Armand Monjo, (« Chœur des petites herbes espiègles », *La Guirlande de Julie, 1976*). **10.** Jacques Gaucheron, « S'il n'y avait pas… » (« Chanson pour les escargots », *La Guirlande de Julie, 1976*). **12.** Emily Dickinson, « Fleurir est aboutir… » (Traduction d'Alain Bosquet). **13.** Marceline Desbordes Valmore, « Quel nom… » (*Œuvres poétiques,* Ed. Alphonse Lemaire, 1933). **32.** Vincent Muselli,

« Fleurs !... » (*Poèmes,* Ed. Jean Renard, 1943). **33.** Anna de Noailles, « Une brise tiède... » (« Chatte persane », *Derniers vers,* Ed. Grasset, 1934). **37.** J. Bourdeillette, « Les lupins bleus... » (« Relique des songes », Seghers). **38.** Théophile Gautier, « Moi je suis la tulipe... » (« La tulipe », *Poésies complètes,* 1876). **41.** Hattori Rantsetsu (Japon, XVIIIᵉ s.) « Juste assez de douceur... » (*Anthologie de la poésie japonaise classique,* Unesco, 1971). **42.** Victor Hugo, « C'est la jeunesse et le matin... » (« Printemps », « Les chansons des rues et des bois », Librairie internationale, 1859). **45.** Nozawa Bonchô (Japon, XVIIIᵉ s.) « A l'aurore... » (*Anthologie de la poésie japonaise classique,* Unesco, 1971). **47.** Théophile de Viau, « Il est jour... » (« Le matin », Garnier, 1965). **48.** Maurice Carême, « Mais non, chat gris... » (« Le chat étourdi », *Pomme de Reinette,* Ed. Bourrelier). Robert Desnos, « Dans un pot... » (« Le géranium », *Chantefables et Chantefleurs,* Gründ, 1945). **50.** Rainer Maria Rilke, « Les premières roses... » (*Quatrains valaisans,* Gallimard). **51.** Robert Fabbri, « Ce n'est pas une vie... » (« Dialogue de fleurs », *Arbroiseaux,* Ed. Saint-Germain-des-Prés, 1976). François de Malherbe, « L'air... » (*Œuvres,* Gallimard). Emily Dickinson, « L'huile des fleurs... » (*Poèmes*, Traduction de Guy Jean Forgue, Aubier, 1970). **55.** Matsuo Bashô (Japon, XVIIᵉ s.) « Du cœur de la pivoine... » (*Anthologie de la poésie japonaise classique,* Unesco, 1971). Saint-Amant, « L'abeille... ». A. Froissard, « Violet dans du lait... » (*Soixante poésies et comptines,* Ed. du Centurion). **60.** Federico García Lorca, « Ma mère me mène au jardin... » (« Le langage des fleurs », *Dona Rosita, Théâtre II,* Gallimard). **61.** Alfred de Musset, « As-tu pour moi... » (« A une fleur », *Premières Poésies).* **62.** Pierre de Ronsard, « Ce gay bouquet... » (*Premier Livre des élégies,* élégie 23). **63.** Jean Tortel, « Des fleurs... » (*Du jour et de la nuit,* Ed. Vigneau). **64.** Maurice Carême, « Il est si beau... » (« Bouquet de fête », *Pigeon vole,* Bourrelier, 1958 ; avec l'aimable autorisation de la Fondation Maurice-Carême). **65.** Satomura Shôba, « Que n'ai-je... », Yoshimine no Munesada (Japon, IXᵉ s.), « La couleur des fleurs... » (*Anthologie de la poésie japonaise classique,* Unesco, 1971). **66.** Jacques Gaucheron, « Le faux bourdon... » (« Le bourdon dans les gueules de loup », *La Guirlande de Julie,* 1976). **67.** Desmaret de Saint-Sorlin, « Franche d'ambition... » (« La violette »). **71.** Jules Laforgue, « Dans un album... » (« Rigueurs à nulle autre pareilles », *Des fleurs de bonne volonté,* 1890). **77.** Fujiwara no Hirotsugu (Japon, VIIIᵉ s.), « Dans chaque branche... » (*Anthologie de la poésie japonaise classique,* Unesco, 1971).

Nous remercions Messieurs les Auteurs et Éditeurs qui nous ont autorisés à reproduire textes ou fragments de textes dont ils gardent l'entier copyright (texte orignal ou traduction). Nous avons par ailleurs, en vain, recherché les héritiers ou éditeurs de certains auteurs. Leurs œuvres ne sont pas tombées dans le domaine public. Un compte leur est ouvert à nos éditions.

Table des matières

7/Au cœur de la fleur
9/La naissance d'une fleur
10/De la fleur au fruit
11/Les fleurs en famille
13/Les fleurs sauvages
33/Les fleurs des villes
35/Les fleurs des jardins
37/Les graines
39/Les bulbes
41/Les arbres à fleurs
43/L'horloge des fleurs
44/Amis ou ennemis ?
46/Jardins en pots
48/Les boutures
49/Les fleurs des cactus
50/Le pot-pourri
52/Le parfum
54/Le miel
57/La teinture
58/Un déjeuner de fleurs
61/Le langage des fleurs
62/Les bouquets
65/Les ikebanas
67/Les tisanes et les potions
68/Les fleurs carnivores
69/Les fleurs magiques
71/L'herbier
72/Les prénoms de fleurs
73/Le petit lexique des fleurs
78/Biographies
Table des poèmes